BOXER AND BRANDON
BOXER EN BRANDON

www.kidkiddos.com
Copyright©2015 by S. A. Publishing ©2017 by KidKiddos Books Ltd.
support@kidkiddos.com

All rights reserved. No part of this book may be reproduced in any form or by any electronic or mechanical means, including information storage and retrieval systems, without written permission from the publisher or author, except in the case of a reviewer, who may quote brief passages embodied in critical articles or in a review.

Alle rechten voorbehouden. Niets uit deze uitgave mag worden verveelvoudigd, opgeslagen in een geautomatiseerd gegevensbestand, of openbaar gemaakt, in enige vorm of op enige wijze, hetzij elektronisch, mechanisch, door printouts, kopieën, of op welke andere manier dan ook, zonder voorafgaande schriftelijke toestemming van de uitgever.

Second edition, 2019

Translated from English by Marcella Oleman
Vertaald uit het Engels door Marcella Oleman
Dutch editing by Anne Visser
Nederlandstalige bewerking door Anne Visser

Library and Archives Canada Cataloguing in Publication Data

Boxer and Brandon (Dutch Bilingual Edition)

ISBN: 978-1-5259-1159-0 paperback

ISBN: 978-1-5259-0656-5 hardcover

ISBN: 978-1-5259-0654-1 eBook

Although the author and the publisher have made every effort to ensure the accuracy and completeness of information contained in this book, we assume no responsibility for errors, inaccuracies, omission, inconsistency, or consequences from such information.
Please note that the Dutch and English versions of the story have been written to be as close as possible. However, in some cases they differ in order to accommodate nuances and fluidity of each language.

Inna Nusinsky

Illustrations by Gillian Tolentino

Hello, my name is Boxer. I'm a boxer. I'm a type of dog called a boxer. Nice to meet you! This is the story of how I got my new family.

Hallo, mijn naam is Boxer. Ik ben een boxer. Mijn ras noemen ze boxer. Leuk je te ontmoeten! Dit verhaal gaat over hoe ik mijn nieuwe familie kreeg.

It all started when I was two years old.
Het begon allemaal toen ik twee jaar oud was.

I was homeless. I lived on the street and ate out of garbage cans. People got pretty mad at me when I knocked over their trash cans.
Ik had geen baasje. Ik leefde op straat en at uit vuilnisbakken. Mensen werden boos op me als ik hun vuilnisbakken omverduwde.

"Get out of here!" they would shout. Sometimes I had to run away really fast!
"Ga weg!" schreeuwden ze dan. Soms moest ik echt snel wegrennen!

Living in the city can be hard.
Het leven in de stad kan zwaar zijn.

When I wasn't looking for food, I liked to sit and watch people walk by on the sidewalk.

Als ik niet op zoek was naar eten, vond ik het leuk om op de stoep te zitten en naar de mensen te kijken die voorbijkwamen.

Sometimes, I would look at people with my sad eyes and they would give me food.

Soms keek ik de mensen aan met mijn zielige ogen en dan gaven ze me wat te eten.

"Oh, what a cute doggy! Here, have a snack," they would say.

"Aaah, wat een schattig hondje! Hier heb je iets lekkers," zeiden ze dan.

One day, a little boy and his dad were walking toward me.

Op een dag kwamen een kleine jongen en zijn vader naar me toe lopen.

"How's that sandwich, Brandon?" asked the boy's dad.

"Is je broodje lekker, Brandon?" vroeg de vader van de jongen.

The sandwich looked really good!

Het broodje zag er echt goed uit!

I put on my sad eyes. The boy stopped and held out his sandwich. I was just about to take a bite, when...

Ik zette mijn zielige ogen op. De jongen stopte en reikte mij zijn broodje aan. Ik wilde net een hap nemen, toen ...

"Brandon, don't feed that dog! He'll just come looking for more," exclaimed his dad. Brandon pulled the sandwich back.

"Brandon, voer die hond niet! Hij zal alleen maar om meer komen schooien," riep zijn vader. Brandon trok zijn broodje terug.

So close—I could smell the butter! Parents never want to share with me!

Zo dichtbij … Ik kon de boter ruiken! Ouders willen nooit met me delen!

I whined as pitifully as I could as they walked away.

Toen ze wegliepen, jammerde ik zo zielig als ik maar kon.

After that, I decided to take a nap. I was having a wonderful dream.

Hierna besloot ik een dutje te doen. Ik had een geweldige droom.

I was in a park and everything was made from meat! The trees were steaks! It was the best dream ever.

Ik was in een park en alles was van vlees gemaakt! De bomen waren biefstukken! Het was de beste droom ooit.

Something woke me up, though. Right in front of me was a piece of a sandwich! I jumped to my feet and gobbled it down.

Maar iets maakte me wakker. Voor me lag een stuk van een broodje! Ik sprong op en schrokte het op.

Mmmmm! It was so good! Just like my dream.

***Mmmmm!** Het was zo lekker! Net als in mijn droom.*

"Shhh," said Brandon. "Don't tell Dad." *What a nice little boy*, I thought to myself.

"Ssst," zei Brandon. "Niet tegen papa zeggen." Wat een lieve kleine jongen, dacht ik bij mezelf.

Day after day, Brandon would come visit me and give me a snack. Then, one day…

Dag na dag kwam Brandon me opzoeken en gaf me wat lekkers. Toen, op een dag …

I was just about to eat it all when I thought of something. *Brandon always brings me food when I'm hungry. If I eat his food, then he'll be hungry.*

Ik wilde het net allemaal gaan opeten toen ik me iets bedacht. Brandon brengt me altijd eten als ik honger heb. Als ik zijn eten opeet, zal hij straks ook honger hebben.

"I'm coming, Brandon!" I howled.

"Ik kom eraan, Brandon!" brulde ik.

He and his dad were way down the street. I ran after them with the brown bag in my mouth.

Zijn vader en hij waren al bijna aan het einde van de straat. Met de bruine zak in mijn mond rende ik achter hen aan.

As I was passing an alleyway, I saw a cat. I hate cats! I forgot about my mission and dropped the bag.

Toen ik langs een steeg kwam, zag ik een kat. Ik haat katten! Ik vergat mijn missie en liet de zak vallen.

"Bark, get out of here, cat!" I barked.

"Woef, ga weg, kat!" blafte ik.

Then I remembered Brandon's lunch. He was going to be hungry if I didn't bring him his lunch!

Toen herinnerde ik me Brandons unch. Hij zou honger krijgen als ik hem zijn lunch niet bracht!

It was hard, but I forgot about the cat. I picked up the brown bag again and started running.

Het was moeilijk, maar ik vergat de kat. Ik pakte de bruine zak weer op en begon te rennen.

Further down the street, I stopped again. A butcher shop!

Verderop in de straat stopte ik weer. Een slagerij!

There were pieces of meat and sausages hanging everywhere. Mmmmm...

Overal hingen lappen vlees en worstjes. Mmmmm...

Wait! I had to bring Brandon his lunch or he was going to be hungry!

Wacht! Ik moest Brandon zijn lunch brengen, anders zou hij honger krijgen!

It was hard, but I forgot about the meat. I grabbed the lunch and started running again.

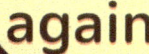

Het was moeilijk, maar ik vergat het vlees. Ik raapte de zak op en begon weer te rennen.

I turned a corner and stopped. There was another dog wagging his tail.

Ik sloeg een hoek om en stopte. Er stond een andere hond met zijn staart te kwispelen.

"Hi, want to play?" he woofed.

"Hoi, wil je spelen?" blafte hij.

"I sure do!" I answered. "Oh, wait, I can't right now. I have to bring Brandon his lunch."

"Nou en of!" antwoordde ik. "O, wacht, ik kan nu niet. Ik moet Brandon zijn lunch brengen."

It was hard, but I forgot about playing. I grabbed the lunch and started running again.

Het was moeilijk, maar ik vergat het spelen. Ik raapte de lunch op en begon weer te rennen.

I could see the school—and there was Brandon with his dad! I ran as fast as I could.

Ik kon de school zien... en daar stond Brandon met zijn vader! Ik rende zo snel als ik kon.

Stopping in front of Brandon, I dropped his lunch bag on the sidewalk. Just in time!

Ik stopte precies voor Brandon en liet zijn lunch op de stoep vallen. Net op tijd!

"Look, Dad, he brought my lunch!" exclaimed Brandon.

"Kijk, papa, hij heeft mijn lunch gebracht!" riep Brandon uit.

"Wow, he sure did. That's amazing!" said his dad. They both patted me on the head.

"Wauw, inderdaad. Dat is geweldig!" zei zijn vader. Allebei gaven ze me klopjes op mijn kop.

Brandon was happy and so was his dad.

Brandon was blij, net als zijn vader.

In fact, his dad was so happy that he brought me home. He gave me a bath. He gave me food!

Zijn vader was zelfs zo blij dat hij me mee naar huis nam. Hij gaf me een bad. Hij gaf me eten!

Now when Brandon and his dad go walking, I get to walk with them. And when they go home, I get to go home with them!

Als Brandon en zijn vader nu gaan wandelen, mag ik met hen mee wandelen. En als ze naar huis gaan, mag ik met hen mee naar huis!

I love my new home and my new family!

Ik hou van mijn nieuwe thuis en mijn nieuwe familie!

www.ingramcontent.com/pod-product-compliance
Lightning Source LLC
Chambersburg PA
CBHW061133070526
44584CB00033B/4311